Inhalt:

AF178971

So kannst du auch sagen:

Nomen	– Substantiv, Namenwort, Hauptwort,
Verb	– Zeitwort, Tunwort, Tuwort, Tätigkeitswort
Adjektiv	– Eigenschaftswort, Wiewort
Artikel	– Begleiter

▶ Achte im Heft auf diese Zeichen:

 *Hörübung*    *Schreibübung*

 *Sprechübung/ Leseübung*    *Aufgabe zum Malen*   *Rote Aufgaben sind etwas schwieriger.*

Begriffserklärungen

Nominativ: Nach diesem Satzteil fragst du mit Wer oder Was?
Beispiel: Der Junge gibt dem Mann einen Apfel.

Akkusativ: Nach diesem Satzteil fragst du mit Wen oder Was?
Beispiel: Der Junge gibt dem Mann einen Apfel.

Dativ: Nach diesem Satzteil fragst du mit Wem oder Was?
Beispiel: Der Junge gibt dem Mann einen Apfel.

1

Am Nachmittag

Imperativ

Kai und Elena haben sich als Zirkuskünstler verkleidet und bringen Struppi Kunststücke bei.

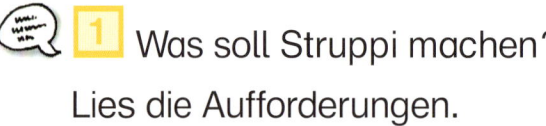

1 Was soll Struppi machen?
Lies die Aufforderungen.

Setz dich! Spring! Komm!

Den Imperativ benutzt man, wenn man eine andere Person zu etwas auffordert, z. B. „Komm!"

2 Was sagt Elena zu Struppi? Schreibe es auf.

Struppi soll springen. Elena sagt: „_____!"

Struppi soll kommen. Elena sagt: „_____!"

Struppi soll bellen. Elena sagt: „_____!"

Regel:

Für den Imperativ (Aufforderungsform) nimmt man die du-Form des Verbs und streicht das *du* und das *-st*:
~~du~~ komm~~st~~ → Komm!

2

3 Welche Verben gehören zusammen? Verbinde sie.

Nimm!

Komm! Iss!

Schreib! Sprich!

Lies!

du schreibst

du kommst

du liest

du nimmst

du sprichst

du isst

4 Kai spielt den Zirkusdirektor und sagt Elena, was sie tun soll. Was sagt er? Ergänze die Sätze.

Elena soll auf einem Bein hüpfen.

Sie soll auf den Händen gehen.

Sie soll einen Handstand machen.

Sie soll durch den Reifen springen.

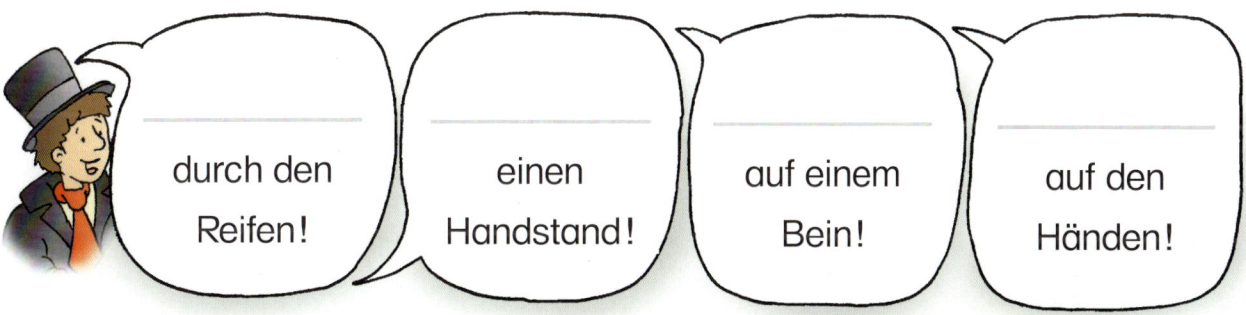

durch den Reifen!

einen Handstand!

auf einem Bein!

auf den Händen!

Tipp:

Bei mehreren Personen brauchst du diese Aufforderungsformen:
ihr schreibt – „Schreibt!",
ihr kommt – „Kommt!".
Nimm die *ihr*-Form des Verbs und lass das *ihr* weg.

5 Das Abendessen ist fertig. Was sagt Elenas Mutter zu den Kindern? Benutze die Wörter im Kasten.

Die Mutter sagt: „_____ euch die Hände!"

„_____ die Gläser!" „_____ euch an

den Tisch!" „_____ auch den Spinat!"

holen   setzen

waschen   essen

Der Schulausflug

Perfekt

Kai und Elena machen mit ihrer Klasse einen Schulausflug in den Wald.

1 Am Abend erzählt Kai, was er beim Schulausflug erlebt hat. Umkreise alle Verben wie im Beispiel.

der Wald

das Wildschwein

das Reh

Wir (sind) mit dem Bus zum Waldparkplatz (gefahren). Von da aus sind wir in den Wald gegangen. Nach zwei Stunden haben wir Pause gemacht. Wir haben unsere Brote gegessen. Auf dem Rückweg haben wir drei Wildschweine gesehen. Und dann ist ein Reh über den Weg gesprungen. Zum Schluss hat uns der Bus wieder nach Hause gebracht.

Regel:

**Wenn du von etwas erzählen willst, was schon passiert ist, benutzt du das Perfekt (Vergangenheitsform).
So wird das Perfekt gebildet: haben oder sein + Partizip (meistens Verbform mit ge...t).
Beispiel: Ich habe die Tiere gefüttert.
Manchmal ist die Partizipform unregelmäßig, du musst sie auswendig lernen.**

2 Suche im Text in Aufgabe 1 die passenden
Partizipien zu den Verben. Schreibe sie auf.

bringen – *gebracht*   springen – _____

fahren – _____   essen – _____

gehen – _____   machen – _____

sehen – _____

3 Wie heißen die Partizipformen der Verben?
Fahre die Fäden nach, dann weißt du es.

liegen
lügen
schreiben
schwimmen
nehmen
bleiben
streiten
kommen

gelogen
geschwommen
gestritten
geblieben
geschrieben
genommen
gekommen
gelegen

4 Leonie erzählt, was ihr im Kindergarten passiert
ist. Ergänze die richtigen Partizipformen.

Im Kindergarten habe ich mich heute mit meiner

Freundin _____ (streiten). Sie hat meine

Kekse _____ (essen) und dann hat sie

_____ (lügen). Sie hat gesagt: „Ein

Monster ist _____ (kommen) und hat

deine Kekse _____ (nehmen)."

Im Park

Perfekt (trennbare Verben)

Elena und Kai gehen mit Struppi im Park spazieren. Plötzlich läuft Struppi weg.

losgehen
losgegangen
abholen

_____

losmachen

_____

weglaufen

_____

zurückgehen

_____

ankommen

_____

1 Kai erzählt zu Hause, was passiert ist. Links siehst du Grundformen von Verben. Suche die passenden Partizipformen im Text und schreibe sie auf.

Ich bin mit Struppi um drei Uhr losgegangen. Dann habe ich Elena abgeholt und wir sind zum Park gelaufen. Im Park habe ich Struppi von der Leine losgemacht. Plötzlich ist Struppi weggelaufen. Wir haben ihn gesucht, aber wir haben ihn nicht mehr gesehen. Nach einer Stunde sind wir nach Hause zurückgegangen. Als wir angekommen sind, hat Struppi zum Glück vor der Tür auf uns gewartet.

Regel:

Bei trennbaren Verben (z. B. (ab holen)) rutscht das *ge-* hinter die Vorsilbe:

abholen – (ab *ge* holt), ankommen – (an *ge* kommen)

2 Schreibe jeweils das passende Partizip dazu.

festmachen   _____

hochspringen   _____

mitnehmen   _____

wegnehmen   _____

vorbeikommen _____

aufpassen   _____

hochgesprungen

aufgepasst   weggenommen

mitgenommen   festgemacht

vorbeigekommen

3 Lies den Text. Schreibe auf, was Elena sagt.

Am nächsten Tag nehmen Elena und Kai Struppi mit in den Park. Sie passen gut auf ihn auf und machen ihn an der Leine fest. Sie kommen an einem Würstchenstand vorbei. Plötzlich springt Struppi hoch und nimmt ein Würstchen weg.

Wir haben Struppi in den Park mitgenommen.

_____

_____

_____

_____

4 Jetzt bist du dran: Denke dir eine spannende Geschichte aus. Benutze dazu die Wörter aus dem Kasten und erzähle in der Vergangenheit.

Kai und Elena / eingekauft	Dieb / weggerannt
Struppi / hinterhergelaufen	Dieb / hingefallen
Kai und Elena / Dieb festgehalten	Kai / Polizei angerufen

Auf dem Flohmarkt

mir, dir, ihm, ihr, ihnen

Elena und Kai verkaufen auf dem Flohmarkt
viele alte Sachen. Das macht ihnen viel Spaß.

1 Lies den Dialog laut. Wo findest du die Wörter
mir und *dir*? Unterstreiche sie!

Mädchen:	Zeigst du mir mal den Wecker?
Kai:	Ja, natürlich. Ich zeige ihn dir.
Mädchen:	Verkaufst du mir den Wecker?
Kai:	Ja. Ich verkaufe ihn dir für 1 Euro.
Mädchen:	Aber ich habe zu wenig Geld.
Kai:	Na gut. Ich schenke dir den Wecker.

Regel:

In manchen Sätzen kommt ein Satzteil im Akkusativ
und ein Satzteil im Dativ vor (→ Seite 1).
Achte auf die richtigen Personalpronomen im Dativ,
z.B. *mir* und *dir*.

Beispiel:

Ich verkaufe den Wecker.

Ich verkaufe dir den Wecker.

2 Verbinde die passenden Personalpronomen in Kais Buch. Tipp: Immer ein rotes und ein grünes passen zusammen. Trage die Wörter rechts im Kasten ein.

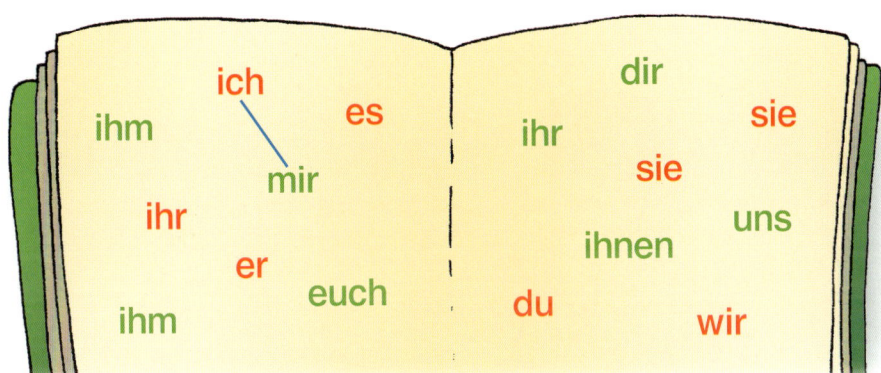

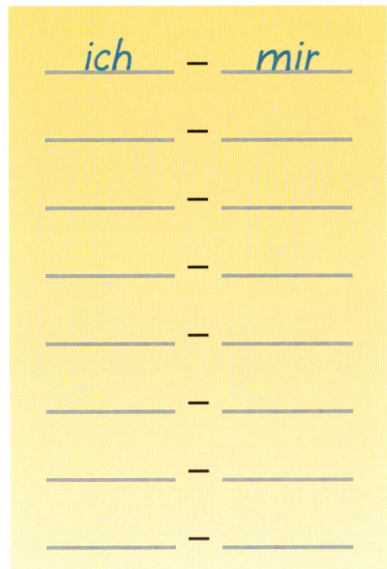

ich	–	_mir_
___	–	___
___	–	___
___	–	___
___	–	___
___	–	___
___	–	___
___	–	___

3 Trage die passenden Personalpronomen ein.

Verkaufst du mir den Wecker? – Ja, ich verkaufe _dir_ den Wecker.

Zeigst du Leonie die Puppe? – Ja, ich zeige _____ die Puppe.

Gibst du Kai den Ball? – Ja, ich gebe _____ den Ball.

Kaufst du uns den Drachen? – Ja, ich kaufe _____ den Drachen.

Schenkst du Elena und Kai die Postkarten? – Ja, ich schenke

_____ die Postkarten.

Leihst du mir dein Buch? – Ja, ich leihe es _____.

4 Stell dir vor, dass du auf dem Flohmarkt Geschenke kaufst. Wem kaufst du was? Erzähle!

Was schenkst du deinem Vater?

Was schenkst du deiner Mutter?

Was schenkst du deiner Freundin/deinem Freund?

Was schenkst du deinem Bruder/deiner Schwester?

Ich schenke *ihm*

_____.

9

Im Zoo

Dativ

Elena und Kai gehen heute in den Zoo. Sie schauen sich die Affen und die Giraffen an.

 **1** Lies die Geschichte laut vor.

das Mädchen

der Wärter

der Affe

der Hut

die Giraffe

Neben Elena und Kai steht ein Mann mit einem kleinen Mädchen. Plötzlich nimmt der Affe dem Mädchen die Banane aus der Hand. Elena und Kai müssen lachen. Vor dem Giraffenkäfig steht eine Frau mit einem großen Hut. Die Giraffe nimmt der Frau den Hut weg. Dann kommt der Wärter und nimmt den Tieren die Sachen weg. Er gibt dem Mann eine andere Banane.

Regel:

Im Dativ (→ Seite 1) verändern sich die Artikel. Merke dir die Artikel gut.

der Mann → **dem** Mann,
die Frau → **der** Frau,
das Mädchen → **dem** Mädchen,
die Tiere → **den** Tieren.

2 Lies den Text in Aufgabe 1 noch einmal.
Kannst du die Sätze richtig ergänzen?

Die Giraffe nimmt _____ den Hut weg.

Der Affe nimmt _____ die Banane weg.

Der Wärter gibt _____ eine andere Banane.

Der Wärter nimmt _____ die Sachen weg.

3 Wem passiert was? Schreibe fünf lustige Sätze auf.

Kai	bringt	dem Mann	die Banane.
Der Affe	schenkt	den Leuten	den Apfel.
Elena	kauft	der Frau	den Hut.
Der Wärter	erzählt	dem Mädchen	das Eis.
Die Giraffe	zeigt	dem Kind	den Witz.

_____

_____

_____

_____

4 Die Verben im gelben Kasten brauchen immer
den Dativ. Setze den passenden Artikel ein.

Das Eis schmeckt _dem_ Affen.

Der Hut gefällt _____ Giraffe.

Kai hilft _____ Wärter.

Die Banane gehört _____ Mädchen.

Der Papagei antwortet _____ Frau.

Verben mit Dativ

antworten

gefallen

helfen

schmecken

gehören

Beim Einkaufen

zu, bei, mit

Elenas Mutter hat Elena und Kai zum Einkaufen mitgenommen. Sie müssen viel erledigen.

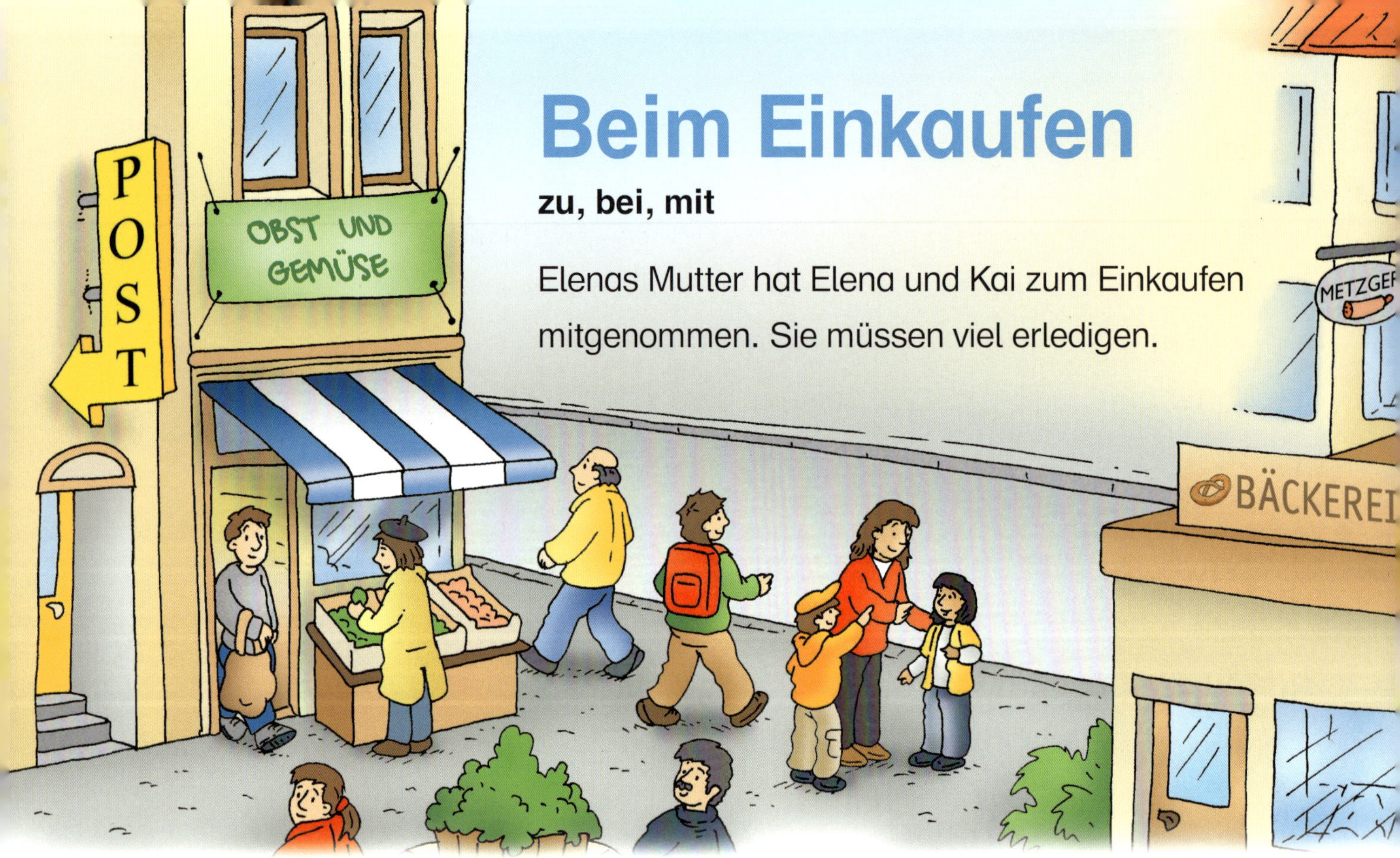

1 Die Kinder gehen in viele Geschäfte. Was kaufen sie dort? Verbinde die passenden Sätze.

A: Zuerst gehen sie zum Bäcker.

B: Dann gehen sie zum Blumengeschäft.

C: Dann gehen sie zum Metzger.

D: Danach gehen sie zur Post.

1: Dort kaufen sie Wurst.

2: Dort kaufen sie Briefmarken.

3: Dort kaufen sie ein Brot.

4: Dort kaufen sie einen Blumenstrauß.

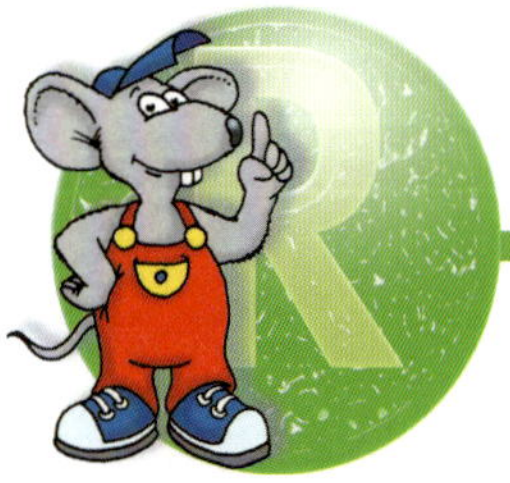

Regel:

Nach den Wörtern *zu*, *bei* und *mit* steht der Artikel immer im Dativ, z. B. mit dem Auto.
Manchmal wird aus *zu*, *bei* und dem Artikel ein Wort:
zu + dem = zum, zu + der = zur, bei + dem = beim.

2 Lies die Sätze. Ergänze, wohin die Kinder gehen.

der Metzger → Sie gehen _____ Metzger. (= zu dem Metzger)

die Post → Sie gehen _____ Post. (= zu der Post)

das Blumengeschäft → Sie gehen _____ Blumengeschäft.

(= zu dem Blumengeschäft)

 3 Zu Hause fragt Leonie: Wo wart ihr so lange?

Elena und Kai erzählen. Trage *beim* oder *bei der* ein.

Zuerst waren wir _____ Bäcker.

Dann waren wir _____ Metzger.

Danach waren wir _____ Post.

Jetzt sind wir endlich zu Hause.

Tipp:

zu sagst du, wenn du *wohin?* fragst: Ich gehe zum Metzger.
bei sagst du, wenn du *wo?* fragst: Ich bin beim Metzger.
Ausnahme: Ich gehe *nach Hause*. Ich bin *zu Hause*.

 4 Womit kann man zum Einkaufen fahren? Ergänze.
Denke daran: Hinter *mit* steht der Artikel im Dativ!

Ich fahre mit  *dem Auto* .

Ich fahre mit  _____.

Ich fahre mit  _____.

Ich fahre mit 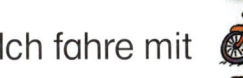 _____.

das Auto

der Bus

das Fahrrad

die Straßenbahn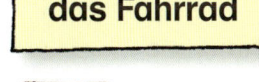

 5 Hilfst du auch manchmal beim Einkaufen?
Erzähle und benutze dabei die Präpositionen
mit, zu, bei. Bilde Sätze.

Samstags gehe ich mit Mama zur Bäckerei. Beim Bäcker kaufen wir ...

Auf dem Spielplatz

in, auf (mit Dativ)

Elena und Kai spielen mit den anderen Kindern Verstecken.

1 Wo ist welches Kind? Lies die Sätze und achte dabei auf die Farbkleckse. Suche jedes Kind oben im Bild und umkreise es in der passenden Farbe.

- Elena steht vor der Rutsche und zählt.

- Hassan sitzt auf dem Baum.

- Sophie ist unter der Rutsche.

- Marius sitzt in der Tonne.

- Ali ist hinter der Bank.

- Kai ist neben der Tonne.

Regel:

Nach den Wörtern *in, auf, unter, hinter, vor, neben* steht der Dativ oder der Akkusativ.
Wenn du *wo?* fragst, musst du den Artikel im Dativ benutzen.
Wo ist der Ball? Der Ball liegt **vor dem** Haus.

2 Trage die richtigen Präpositionen ein. Bilde jeweils einen Satz, zum Beispiel: Der Ball ist auf der Bank.

Achtung:
in + dem = im

3 Wo sind Elenas Sachen? Ergänze die Sätze.

das Kissen

die Gitarre

die Zahnbürste

der Zahnputzbecher

der Schreibtisch

der Stuhl

das Bett

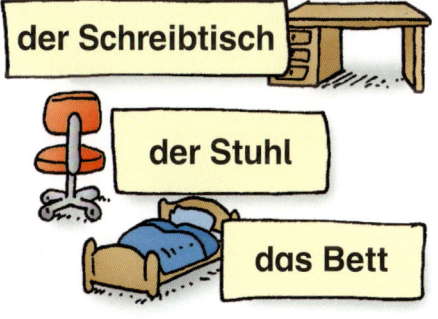

Das Kissen ist _____ Schreibtisch.

Der Ball ist _____ Stuhl.

Das Buch ist _____ Kissen.

Die Gitarre ist _____ Bett.

Der Zahnputzbecher ist _____ Zahnbürste.

4 Wo sind deine Sachen? Erzähle laut!

Meine Puppe sitzt auf dem Bett. Der Ball liegt …

Aufräumen

in, auf (mit Akkusativ)

Elenas Mutter schimpft. Elena hat ihr Zimmer noch nicht aufgeräumt.

die Kiste

der Schrank

die Socke/
die Socken

1 Wohin soll Elena die Sachen tun?
Verbinde die passenden Satzteile.

Leg die Socken	auf den Tisch.
Leg das Buch	in die Kiste.
Stell die Zahnbürste	in den Schrank.
Leg den Ball	auf das Bett.
Leg das Kissen	in den Becher.

2 Umkreise oben die Artikel hinter den Präpositionen.
Stehen die Artikel im Akkusativ oder im Dativ?

Regel:

**Nach den Wörtern *in, auf, unter, hinter, vor, neben*
steht der Dativ oder der Akkusativ.
Wenn du *wohin?* fragst, musst du den Artikel im
Akkusativ benutzen.
Wohin stellt Elena die Zahnbürste?
Elena stellt sie in den Becher.**

3 Wie heißen die Artikel im Akkusativ und im Dativ?
Trage sie ein und merke sie dir gut.

wohin?	wo?
auf _____ Tisch	auf _____ Tisch
auf _____ Kiste	auf _____ Kiste
auf _____ Bett	auf _____ Bett
auf _die_ Kisten	auf _den_ Kisten

 4 Elenas Bruder macht Unordnung. Trage ein.

Er legt den Ball in _das Bett_ .

Er legt die Socken auf _____ .

Er legt das Kissen in _____ .

Er legt die Zahnbürste in _____ .

 5 Elenas Mutter räumt die Küche auf. Wohin tut sie
die Sachen? Wo sind die Sachen dann? Trage ein.

Sie legt das Messer in _____ Kiste.

Jetzt liegt das Messer in _____ Kiste.

Sie stellt den Topf auf _____ Herd.

Jetzt steht der Topf auf _____ Herd.

Sie stellt das Glas auf _____ Regal.

Jetzt steht das Glas auf _____ Regal.

Sie stellt die Tasse in _____ Schrank.

Jetzt steht die Tasse _____ Schrank.

der Herd

der Topf

die Tasse

das Messer

das Regal

Im Zirkus

Adjektive (unbestimmer Artikel)

Ein Zirkus ist in der Stadt. Kai und Elena mögen den Clown Pico am liebsten.

1 Sieh dir das Bild an. Was hat Clown Pico dabei?

der Teller

die Hose

die Mütze

der Schuh/
die Schuhe

Er hat einen roten *Ball* .

Er hat eine blaue _____ .

Er hat ein gelbes _____ .

Er hat einen weißen _____ .

Er hat ein grünes _____ .

Er hat eine gelbe _____ .

Er hat blaue _____ .

Regel:

Im Akkusativ verändern sich die Adjektivendungen.
Merke dir bei den unbestimmten Artikeln die passenden
Adjektivendungen:
Ich sehe … einen weiß**en** Teller,
         … eine blau**e** Hose
         … ein grün**es** Auto.
         … schwarz**e** Schuhe.

 **2** Sieh dir noch einmal die Sätze von Aufgabe 1 an und trage die Wörter in die Tabelle ein. Unterstreiche die Endungen der Adjektive.

	der-Wörter	die-Wörter	das-Wörter	Plural
Er hat …	*einen roten Ball*			

 3 Lies den Text. Kannst du dann den Clown fertig malen?

Der Clown hat eine lange Nase, kurze Haare,

einen großen Mund und kleine Ohren.

Er hat grüne Haare und eine rote Nase.

Der Clown trägt eine blaue Jacke.

 **4** Der Clown Pico hat sich umgezogen.
Ergänze die Sätze. Achte auf die richtigen Endungen.

Er trägt eine ___*gelbe*___ Weste, einen _____

Hut, ein _____ Hemd, eine _____

Hose und _____ Schuhe. Er hat eine

_____ Nase und _____ Haare.

 5 Welche Kleidungsstücke hast du gerade an?
Erzähle! Benutze dabei passende Adjektive:
Ich habe eine blaue Hose an …

Auf dem Jahrmarkt

Adjektive (bestimmter Artikel)

Heute sind die Kinder auf dem Jahrmarkt.

Beim Dosenwerfen gewinnen sie viele Sachen.

1 Was haben die Kinder beim Dosenwerfen gewonnen? Ergänze die richtigen Wörter.

der Stift

die Blume

das Herz

die Murmel/ die Murmeln

Kai hat den gestreiften _____ gewonnen.

Leonie hat die gelbe _____ gewonnen.

Elena hat das rote _____ gewonnen.

Kai hat die bunten _____ gewonnen.

Regel:

Auch hinter dem bestimmten Artikel im Akkusativ verändern sich die Adjektivendungen.

Merke dir den Artikel und die passende Adjektivendung:

Die Kinder gewinnen … den gestreift**en** Stift.

… die gelb**e** Blume.

… das rot**e** Herz.

… die bunt**en** Murmeln.

✏️ **2** Die Kinder tauschen ihre Gewinne untereinander. Trage jeweils die richtige Adjektivendung ein.

Leonie möchte nicht die *gelbe* Blume, sondern

den gestreift_____ Stift. Kai möchte nicht die

bunt_____ Murmeln, sondern das rot_____ Herz.

✏️ **3** Kai gewinnt noch mehr Dinge. Ergänze die Adjektive. Vergleiche dann die Endungen in beiden Spalten. Was ist gleich, was verändert sich?

Kai gewinnt …

einen großen Hund	den _____ Hund
eine große Dose	die _____ Dose
ein großes Buch	das _____ Buch
große Luftballons	die _____ Luftballons

der Hund

die Dose

das Buch

der Luftballon/
die Luftballons

✏️ **4** Zu Hause erzählt Elena, was sie erlebt haben. Trage die Adjektive ein. Achte auf die Endungen.

Beim Dosenwerfen haben wir *schöne* Sachen

gewonnen. Kai hat die _____ Murmeln

bekommen. Wir haben getauscht und ich habe ihm

das _____ Herz gegeben. Dann hat

Kai noch einen _____ Hund gewonnen.

In der Geisterbahn gab es ein _____

Gespenst und Leonie hatte Angst. Da hat sie die

_____ Blume verloren. Zum Trost hat

ihr ein Mann einen _____ Lutscher

geschenkt.

weiß ~~schön~~
gestreift bunt
gelb rot groß

das Gespenst

der Lutscher

Das Wetter

Nebensätze mit wenn/weil

Kai bastelt einen Drachen. Wenn es windig genug ist, kann er ihn ausprobieren.

1 Je nachdem wie das Wetter wird, machen die Kinder unterschiedliche Sachen. Was passt zusammen? Verbinde die Sätze.

Wenn es windig ist,	gehen wir Schlitten fahren.
Wenn es heiß ist,	können wir die Sterne sehen.
Wenn es regnet,	lassen wir den Drachen steigen.
Wenn es schneit,	spielen wir zu Hause.
Wenn es dunkel ist,	gehen wir ins Freibad.

2 Sieh dir noch einmal die *wenn*-Sätze oben an. Wo stehen die Verben? Unterstreiche sie.

Regel:

Sätze, die mit *wenn* beginnen, heißen Nebensätze. In Nebensätzen steht das Verb immer am Ende. *Wenn* es in der Nacht *donnert*, habe ich Angst.

3 Was machst du, wenn …? Ergänze die *wenn*-Sätze.

Wenn _____ , freue ich mich.

Wenn _____ , ärgere ich mich.

Wenn _____ , schreie ich.

Wenn _____ , weine ich.

> Geburtstag haben
> den Schlüssel vergessen
> wütend sein
> traurig sein

 4 Die Kinder haben den Drachen steigen lassen
und Elena kommt mit einem Kratzer im Gesicht nach
Hause. Lies das Gespräch mit der Mutter laut vor.

Warum hast du einen Kratzer?
Ich habe einen Kratzer, weil der Ast abgebrochen ist.

Warum ist der Ast abgebrochen?
Weil Kai auf den Baum geklettert ist.

Warum ist Kai auf den Baum geklettert?
Weil er den Drachen aus dem Baum geholt hat.

 5 Unterstreiche das Verb in jedem *weil*-Satz.
Was fällt dir auf?

Regel:

**Auch *weil*-Sätze sind Nebensätze und darum steht das
Verb am Ende. Auf die Frage *Warum?* antwortest du
immer mit einem *weil*-Satz.**

 6 Am nächsten Tag kommt Kai mit einem Loch in
der Hose nach Hause. Was ist passiert? Erfinde ein
Gespräch wie in der vorigen Aufgabe.

Warum hast du ein Loch in der Hose?

Ich habe ein Loch in der Hose, weil …

Auf dem Sportplatz

Steigerung von Adjektiven

Alle Kinder sind auf dem Sportplatz und nehmen an einem Wettkampf teil.

	50-m-Lauf	Weit-sprung
Kai	12 sec	2,10 m
Elena	15 sec	2,50 m
Leonie	20 sec	1,30 m

1 Sieh dir die Tabelle an und beantworte die Fragen.

Wer läuft am schnellsten? _____

Wer springt am weitesten? _____

2 Kreuze die richtigen Sätze an.

☐ Elena springt weiter als Kai.

☐ Leonie läuft langsamer als Elena.

☐ Elena läuft schneller als Kai.

Regel:

Für Vergleiche musst du Adjektive steigern.

Der grüne Ball ist klein.
Der rote Ball ist kleiner als der grüne Ball.
Der blaue Ball ist am kleinsten.

3 Hier sind die Steigerungsformen durcheinander geraten. Trage sie richtig in die Tabelle ein.
Der Tipp hilft dir.

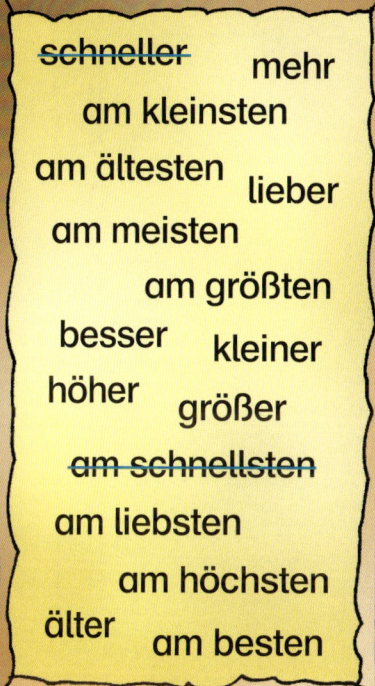

schnell	*schneller*	*am schnellsten*
klein		
viel		
alt		
gut		
gern		
hoch		
groß		

In the note (image 2):

~~schneller~~   mehr
am kleinsten
am ältesten   lieber
am meisten
am größten
besser   kleiner
höher   größer
~~am schnellsten~~
am liebsten
am höchsten
älter   am besten

Tipp:

Manche Steigerungsformen sind unregelmäßig.
Merke sie dir:
gut   – besser – am besten,
gern – lieber – am liebsten,
viel – mehr   – am meisten,
hoch – höher – am höchsten.

 4 Bilde Sätze zu den Adjektiven aus Aufgabe 3,
zum Beispiel: *Ich bin älter als mein Bruder …*

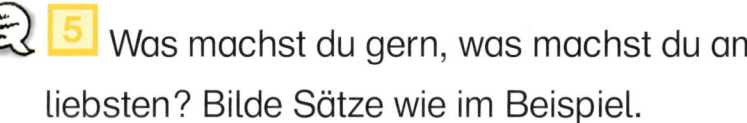 **5** Was machst du gern, was machst du am
liebsten? Bilde Sätze wie im Beispiel.

Ich spiele gern Tischtennis.
Noch lieber spiele ich Basketball.
Aber am liebsten spiele ich Fußball.

Eine Geschichte

Präteritum

Elena übernachtet heute bei Kai und Leonie.
Kais Vater liest den Kindern eine Geschichte vor.

 1 Hier ist der Anfang der Geschichte.
Lies ihn laut vor.

wohnen

ich wohn**te**

du wohn**test**

er/sie/es wohn**te**

wir wohn**ten**

ihr wohn**tet**

sie wohn**ten**

Herr Müller wohnte in einer großen Stadt in einem
Hochhaus. Er war Detektiv von Beruf. Eines Tages
lag auf seinem Balkon ein goldener Ring. Er nahm
ihn in die Hand und sah darauf einen Namen:
Fidibus. Er suchte im Telefonbuch nach dem Namen,
aber er fand ihn nicht. Er überlegte: Wie kam der
Ring auf den Balkon? Wem gehörte er?

Tipp:

**Das Präteritum ist eine Vergangenheitsform, die du
vor allem in geschriebenen Texten findest.
Wenn man spricht, benutzt man meistens das Perfekt.
Präteritum → Herr Müller wohnte dort.
Perfekt → Kai erzählt: „Herr Müller hat dort gewohnt."
Ein Beispiel für ein Verb mit regelmäßigen Präteritum-
formen findest du im gelben Kasten. Es gibt aber auch
viele unregelmäßige Formen.**

2 Unterstreiche die Präteritumformen im Text links.
Schreibe die unterstrichenen Verben neben die
passenden Grundformen.

sein _war_   gehören _____

wohnen _____   kommen _____

liegen _____   überlegen _____

suchen _____   nehmen _____

finden _____   sehen _____

 3 Findest du die passenden Grundformen zu
diesen Präteritumformen? Schreibe sie auf.

Herr Müller aß jeden Tag einen Apfel. _essen_

Abends trank er gerne ein Bier. _____

Jeden Morgen kochte er Kaffee. _____

Er konnte fünf Sprachen. _____

Jeden Tag ging er in sein Detektivbüro. _____

Dort arbeitete er viele Stunden. _____

Manchmal fuhr er mit dem Auto in die Stadt. _____

Am Wochenende schlief er lange. _____

> **kochen**
> **können**
> ~~essen~~
> **arbeiten**
> **trinken**
> **fahren**
> **schlafen**
> **gehen**

 4 Kais Vater kann die Geschichte nicht zu
Ende vorlesen, weil das Telefon klingelt. Die Kinder
überlegen, wie es weitergeht. Was denkst du?

> Ich glaube, der Ring ist
> aus einem Hubschrauber
> auf den Balkon gefallen.

> Nein, bestimmt
> hat ein Einbrecher
> den Ring verloren.

Wiederholung

1 Kai räumt sein Zimmer auf. Wo sind die Sachen? Wohin legt er die Sachen? Ergänze die Sätze.

Das Buch ist unter _____ Bett.

Er legt es auf _____ Kiste.

Die Zahnbürste ist vor _____ Kiste.

Er stellt sie in _____ Becher.

Die Gitarre ist auf _____ Stuhl.

Er stellt sie in _____ Schrank.

Die Bälle sind hinter _____ Kisten.

Er legt sie in _____ Kisten.

2 Ergänze die Sätze. Achte auf den Dativ.

Elena hilft _____ Mädchen.

Der Apfel schmeckt _____ Frau.

Die Hose gefällt _____ Mann.

3 Trage die richtigen Perfektformen ein.

Ich bin im Freibad _____ (schwimmen).

Wir haben eine Arbeit _____ (schreiben).

Kai ist heute zu Hause _____ (bleiben).

4 Was hast du alles in deinem Zimmer? Erzähle!

Ich habe ein großes Bett, einen braunen Tisch …

Lösungen

Seiten 2/3

2

Spring! Komm! Bell!

3

Schreib! – du schreibst
Komm! – du kommst
Lies! – du liest
Nimm! – du nimmst
Sprich! – du sprichst
Iss! – du isst

4

Spring durch den Reifen!
Mach einen Handstand!
Hüpf auf einem Bein!
Geh auf den Händen!

5

„Wascht euch die Hände!"
„Holt die Gläser!"
„Setzt euch an den Tisch!"
„Esst auch den Spinat!"

Seiten 4/5

1

Umkreise Verben:
sind gegangen
haben gemacht
haben gegessen
haben gesehen
ist gesprungen
hat gebracht

2

fahren – gefahren
gehen – gegangen
sehen – gesehen
springen – gesprungen
essen – gegessen
machen – gemacht

3

liegen – gelegen
lügen – gelogen
schreiben – geschrieben
schwimmen – geschwommen
nehmen – genommen
bleiben – geblieben
streiten – gestritten
kommen – gekommen

4

gestritten   gekommen
gegessen   genommen
gelogen

Seiten 6/7

1

losgehen – losgegangen
abholen – abgeholt
losmachen – losgemacht
weglaufen – weggelaufen
zurückgehen – zurückgegangen
ankommen – angekommen

2

festmachen – festgemacht
hochspringen – hochgesprungen
mitnehmen – mitgenommen
wegnehmen – weggenommen
vorbeikommen – vorbeigekommen
aufpassen – aufgepasst

3

Wir haben gut auf ihn aufgepasst.
Wir haben ihn an der Leine festgemacht.
Wir sind an einem Würstchenstand
vorbeigekommen.
Plötzlich ist Struppi hochgesprungen
und hat ein Würstchen weggenommen.

4

Lösungsmöglichkeit:
Elena und Kai haben auf dem Markt
Gemüse eingekauft. Dann ist ein Dieb
mit einem Geldbeutel weggerannt.
Struppi ist hinterhergelaufen. Dann ist
der Dieb hingefallen. Kai und Elena
haben den Dieb festgehalten. Danach
hat Kai die Polizei angerufen.

Seiten 8/9

1

Zeigst du <u>mir</u> … Ich zeige ihn <u>dir</u>.
Verkaufst du <u>mir</u> … Ich verkaufe ihn <u>dir</u>
… Ich schenke <u>dir</u> …

2

ich – mir   es – ihm
du – dir   wir – uns
er – ihm   ihr – euch
sie – ihr   sie – ihnen

3

ihr, ihm, euch, ihnen, dir

4

Lösungsmöglichkeit:
Ich schenke ihm einen Hut.
Ich schenke ihr eine Blume.
Ich schenke ihr einen Teddybären.
Ich schenke ihm ein Auto.

Seiten 10/11

2

der Frau, dem Mädchen,
dem Mann,den Tieren

3

Lösungsmöglichkeit:
Der Affe kauft der Frau das Eis.
Kai erzählt dem Kind den Witz.
Der Wärter schenkt dem Mädchen die
Banane.
Die Giraffe zeigt dem Mann den Hut.
Elena bringt den Leuten den Apfel.

4

der Giraffe
dem Wärter
dem Mädchen
der Frau

Seiten 12/13

1

A 3, B 4, C 1, D 2

2

zum Metzger, zur Post,
zum Blumengeschäft

3

beim Bäcker, beim Metzger,
bei der Post

4

Ich fahre mit dem Bus.
Ich fahre mit dem Fahrrad.
Ich fahre mit der Straßenbahn.

5

Lösungsmöglichkeit:
Beim Bäcker kaufen wir Brot.
Danach gehen wir zum Metzger.
Beim Metzger kaufen wir Wurst.
Später gehen wir zur Post.

Seiten 14/15

2

Kästchen links: auf, unter, neben
Kästchen rechts: hinter, in, vor
Der Ball ist auf/unter/neben/hinter
der Bank.
Der Ball ist in/vor der Tonne.

3

unter dem Schreibtisch, auf dem
Stuhl, vor dem Kissen, im/auf dem
Bett, hinter der Zahnbürste

Seiten 16/17

Lösungsmöglichkeit:
Leg die Socken in den Schrank.
Leg das Buch auf den Tisch.
Stell die Zahnbürste in den Becher.
Leg den Ball in die Kiste.
Leg das Kissen auf das Bett.

Umkreise Artikel: den, die, den,
das, den
Die Artikel stehen im Akkusativ.

wohin?	wo?
auf den Tisch	auf dem Tisch
auf die Kiste	auf der Kiste
auf das Bett	auf dem Bett

in das Bett, auf den Schreibtisch,
in den Schrank, in die Kiste

in die Kiste, in der Kiste
auf den Herd, auf dem Herd
auf das Regal, auf dem Regal
in den Schrank, im Schrank

Seiten 18/19

Er hat eine blaue Hose / ein gelbes
Fahrrad / einen weißen Teller/
ein grünes Auto / eine gelbe Mütze /
blaue Schuhe.

der-Wörter: einen weißen Teller
die-Wörter: eine gelbe Mütze,
              eine blaue Hose
das-Wörter: ein gelbes Fahrrad,
              ein grünes Auto
Plural: blaue Schuhe

schwarzen, rotes, grüne, blaue,
rote, grüne

Seiten 20/21

den gestreiften Stift, die gelbe Blume,
das rote Herz, die bunten Murmeln

den gestreiften Stift
die bunten Murmeln
das rote Herz

den großen Hund
die große Dose
das große Buch
die großen Luftballons

Lösungsmöglichkeit:
die bunten Murmeln,
das rote Herz,
einen großen Hund,
ein weißes Gespenst,
die gelbe Blume,
einen gestreiften Lutscher

Seiten 22/23

Wenn es windig ist, lassen wir
den Drachen steigen.
Wenn es heiß ist, gehen wir
ins Freibad.
Wenn es regnet, spielen wir
zu Hause.
Wenn es schneit, gehen wir
Schlitten fahren.
Wenn es dunkel ist, können wir
die Sterne sehen.

Unterstrichene Wörter:
ist, ist, regnet, schneit, ist
Die Verben stehen am Ende des
Nebensatzes.

Wenn ich Geburtstag habe, freue
ich mich.
Wenn ich den Schlüssel vergesse,
ärgere ich mich.
Wenn ich wütend bin, schreie ich.
Wenn ich traurig bin, weine ich.

Unterstrichene Wörter:
abgebrochen ist, geklettert ist,
geholt hat.
Das Verb steht am Ende.

Lösungsmöglichkeit:
Warum hast du ein Loch in der Hose?
Ich habe ein Loch in der Hose, weil
ich hingefallen bin.
Warum bist du hingefallen? Ich bin
hingefallen, weil ein Stein auf der
Straße gelegen hat …

Seiten 24/25

Kai läuft am schnellsten.
Elena springt am weitesten.

Richtig: Elena springt weiter als Kai.
Leonie läuft langsamer als Elena.

klein	kleiner	am kleinsten
viel	mehr	am meisten
alt	älter	am ältesten
gut	besser	am besten
gern	lieber	am liebsten
hoch	höher	am höchsten
groß	größer	am größten

Lösungsmöglichkeit:
Ich bin kleiner als mein Vater.
Ich springe höher als mein Bruder.
Ich bin größer als meine Schwester.

Seiten 26/27

wohnen – wohnte
liegen – lag
suchen – suchte
finden – fand
gehören – gehörte
kommen – kam
überlegen – überlegte
nehmen – nahm
sehen – sah

trank – trinken
kochte – kochen
konnte – können
ging – gehen
arbeitete – arbeiten
fuhr – fahren
schlief – schlafen

Seite 28

unter dem Bett, auf die Kiste,
vor der Kiste, in den Becher,
auf dem Stuhl, in den Schrank,
hinter den Kisten, in die Kisten

dem Mädchen, der Frau, dem Mann

geschwommen, geschrieben,
geblieben

Spielmaterial zum Ausschneiden: Memory®-Spiel

Schneide die Kärtchen aus und spiele mit einem Freund Memory®: Legt alle Kärtchen verdeckt auf den Tisch. Jeder Spieler deckt immer zwei davon auf. Passen die Grundform und das Partizip zusammen (zum Beispiel: springen – gesprungen), darf man das Paar behalten. Sieger ist, wer die meisten Paare hat. So wird es schwieriger: Zu jedem aufgedeckten Kärtchen muss ein Satz gebildet werden, z. B. trinken → *Ich trinke gern Apfelsaft.* getrunken → *Gestern habe ich viel getrunken.*

bringen	gebracht	trinken	getrunken
springen	gesprungen	essen	gegessen
gehen	gegangen	mitnehmen	mitgenommen
lügen	gelogen	schreiben	geschrieben
schwimmen	geschwommen	abfahren	abgefahren